Dirección editorial
Ana Laura Delgado

Cuidado de la edición
Angélica Antonio Monroy

Corrección de estilo
Ana María Carbonell

Revisión de finas
Rosario Ponce

Diseño
Ana Laura Delgado
Yolanda Rodríguez

Primera edición, febrero de 2012
D.R. © 2012. Ediciones El Naranjo, S. A. de C. V.
    Cerrada Nicolás Bravo núm. 21-1,
    Col. San Jerónimo Lídice, 10200, México, D. F.
    Tel./fax (55) 5652 1974
    elnaranjo@edicioneselnaranjo.com.mx
    www.edicioneselnaranjo.com.mx

ISBN: 978-607-7661-37-5

Impreso en México • *Printed in Mexico*

Tres veces Tres
La mar

se imprimió en el mes de febrero de 2012 en los talleres
de Offset Rebosán, en avenida Acueducto núm. 115, colonia
Huipulco Tlalpan, C. P. 14370, México, D. F. • Se utilizaron
las familias Candara, Beachwide, Hobbyextended y Nimbus
Roman D • Se imprimieron 2000 ejemplares en papel couché
mate de 150 gramos, con encuadernación en cartoné •
El cuidado de la impresión estuvo a cargo de Ediciones El Naranjo.

A mis padres

Pedro Villar Sánchez

A mi hermana Javiera

Leonor Pérez

Tres veces Tres
La mar

Pedro Villar Sánchez

Leonor Pérez
ILUSTRACIÓN

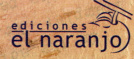

ediciones
el naranjo

¿Qué hay en mí si no tengo aves, ni pájaros
ni luciérnagas, ni peces ni el eco de las caracolas?

Un solo verso, pensaba, puede salvar a un poeta.

Buscó las palabras precisas, las sílabas justas,

la rima perfecta, pero nada encontró.

Un día descubrió el silencio en los labios de la mar

y quiso alcanzarlo...

Pájaro de sombra
dormido en el agua,
luz entre la niebla
tejen las palabras.

Abro los libros de la mar,
busco canciones imposibles,
historias de marinos,
puestas de sol, silencios,
hago mía la soledad
encerrada en el agua,
recojo versos como peces,
lleno cuadernos con la brisa,
el aire que respiro cada noche.

Era de niño
era la escuela
era la mar
mapa extendido
sobre la tierra,
era de niño
era la escuela
era la mar.
Pinté las rectas
los meridianos
las paralelas,
era de niño
la mar no era.

Era de niño
era la mar
el faro, el puerto,
agua salada,
barco de vela,
era la mar
la mar sí era
línea infinita
sobre la arena.
Era de niño
de niño era
era la mar.

Rumores en el agua,
infancia, infancia,
cerré los ojos,
busqué la voz,
hundí mis manos
de sal y playa,
y entre las olas
nacieron las palabras.

Mar y cielo,
sol y nube,
sube, sube.
En el agua,
en el río,
frío, frío.
En la arena,
con las olas,
solas, solas.

Sueños del corazón,
espejo y libertad,
tres veces tres la mar,
de mi voz sin palabras
donde lanzo la red,
la mar tres veces tres.
Sueños del corazón,
un verso en soledad,
tres veces tres la mar.

Sobre el agua vi un reflejo,
en el reflejo una estrella,
en la estrella un corazón,
en el corazón un verso.

Barco de papel
dulce despertar
lleva hacia la mar
Nicolás Guillén.

Una estrellita morena,
estrellita de la mar,
está prendida a las redes,
a las redes de la sal,
entre las barcas del puerto
yo te quise despertar,
cuando abrías ya los ojos
me susurraste un cantar:
—En las manos de los hombres
yo no quiero naufragar,
que tengo todos los sueños
en los mares de coral.

Y viendo sus ojos limpios
que empezaban a llorar,
dejé la estrella en silencio
entre las aguas del mar,
y la estrella agradecida
se quiso al cielo elevar:
—Marinero, marinero,
marinero de la mar,
búscame siempre que quieras,
aquí me podrás mirar.

Buscaba su sombra un pez
en el reflejo del agua
cuando el sol se fue a esconder
perdió toda la esperanza.

Un paso tras otro paso
una huella en otra huella
los caminos en la tarde
la mirada en una estrella.

Las caracolas marinas
han perdido su cantar,
todos los sueños se olvidan,
nadie las viene a escuchar.

Italia »

..., según su expresión, « calzó las botas del general

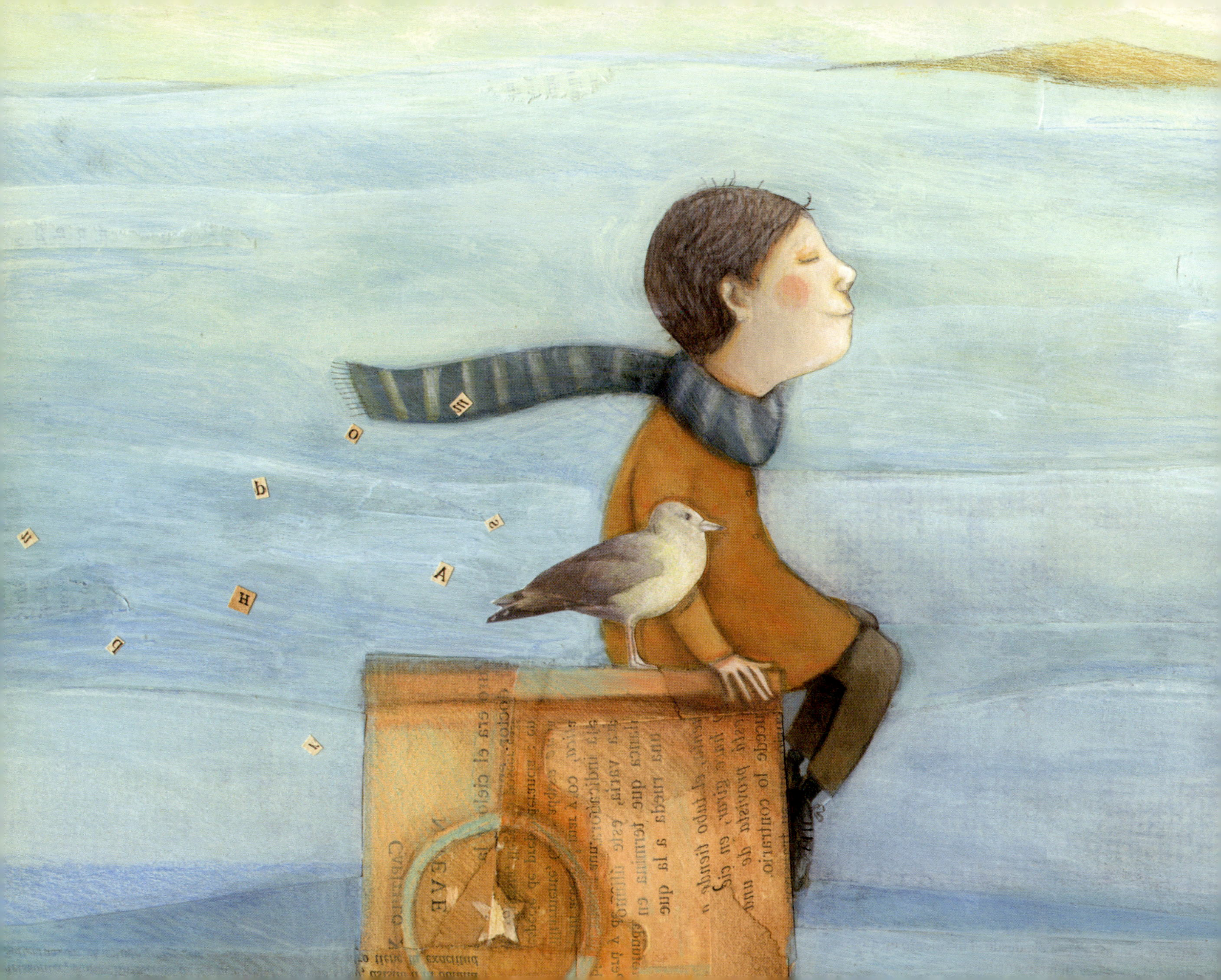

El barco en el que navego
es un barco sin motor,
tiene por velas los libros
y de aventura el timón,
por rumbo lleva una estrella
que me guía el corazón.
¡Ay estrella marinera
del puerto de la ilusión,
llévame por los caminos,
por los caminos del sol!
A todos los marineros
que navegáis con amor:
el barco de tus tesoros
es el libro y la canción.

El mar arrastra las aguas
y los colores del sol,
las caracolas dormidas
y los ecos del amor.

Lancé una botella al mar
con una esperanza nueva,
me devolvieron la olas
rimas, versos y un poema.

Las cosas pequeñas
nos parecen grandes
si se ven de cerca,
un barco en el agua,
un grano de arena.

Una gota de agua
refleja la luz
de todo el océano.

Cuando el silencio
tuvo el tamaño de mi voz
recogí una a una las palabras,
de entre sus labios
nacieron versos como nubes.

Rimas marinas

La sorpresa de las nubes…
notar el viento que sube.
El secreto del marino…
llevar el timón con tino.
La tristeza de los faros…
ver a un buque naufragado.
La alegría de las olas…
no quedarse nunca solas.
La pesadilla de un barco…
navegar dentro de un charco.
El dulce sueño de un pez…
poder nadar al revés.

El agua salada
ni mucha ni poca
ni poca ni nada,
el agua salada
que llega y que pasa,
y moja la arena
de todas las playas.
El agua salada
ni mucha ni poca
ni poca ni nada,
el agua salada
que llega y que pasa
deja entre mis manos
flor de espuma blanca.

Sol, sal de la mar,
luz, sal del sol,
sal, pez de la mar,
mar, ven al sol,
sol, sal al mar,
luz, voz del sol,
mar, sol de la paz,
pez, sal de la mar,
ven a la paz del sol,
sal a la luz del mar.

Pom-pom, pom-pom.

—¿Quién es? ¿Quién es?

—Ramón Tiburón.

Pom-pom, pom-pom.

—¿Qué quieres, Ramón?

Pom-pom, pom-pom.

—Teresa la almeja

se quiere casar.

Pom-pom, pom-pom.

—Por dios, ¿con quién?

—Con un calamar.

Pom-pom, pom-pom.

—Por dios, ¿con cuál?
—No sé, no sé,
si eso da igual.
Pom-pom, pom-pom.
—No sé qué pensar.
Pom-pom, pom-pom.
—Teresa la almeja
se va a desmayar.
Pom-pom, pom-pom.
—¿Por qué? ¿Por qué?
—¡Los besos de tinta
que da el calamar!

Poema de la ballena,
poemar del calamar,
poesol del caracol,
poesal sal de la mar,
verso salado, pescado,
poerrima de coral.

Ya me ha vuelto a despistar
el caballito de mar,
un animal que promete,
no es caballo ni jinete
pero en el agua galopa
en una carrera loca.
Parece un aventurero,
un marino con sombrero,

no tiene patas ni aletas
llegar deprisa es su meta
y salta en el oleaje
para hacer un largo viaje
o se queda indiferente
si lo mueve la corriente.
Parece que se ha perdido
en un lugar escondido,
nadie sabe a dónde va
el caballito de mar.

Se desmelena
con el viento
la arena.
Se despierta
el marino
en cubierta.
Se queja
en la playa
la almeja.
Se acomoda
el pescado
en la ola.
Se despereza
en el agua
la tristeza.

El clavel crece en el mar
y la sardina en mi huerto,
el barco está en el lagar
y el vino flota en el puerto.

En la noche brilla el sol
y en el día está la luna,
en el mar nace la col
y en el campo no hay ninguna.

La rosa vive en el mar
y el tiburón en el huerto,
a lo dulce échale sal
y azúcar a los pimientos.

Juego y salto por el mar,
y si me pillas me muero,
llevo un vestido de tejas,
tengo aletas y no vuelo.

DEL(FIN) ES

Delfín de mar,
del fin de mes,
delfín de sal,
del fin de pez,
delfín del fin,
del fin delfín es.

Pedro Villar Sánchez

Nací en Almansa, España, un pueblo con un fascinante castillo en la llanura de La Mancha. Cuando tenía seis años mis padres me llevaron a ver el mar, me quedé sin palabras, silencioso como un pez, mudo de contemplar tanta hermosura. Desde entonces, me he sentido atraído por el rumor de las olas, por el agua y por el azul del océano. Años más tarde quise poner palabras a tanta inmensidad, a tanta luz. Comprendí que sólo la poesía, con su voz de nube, con sus alas de pájaro, puede expresar los sueños, el deleite de la mirada, la intensidad de los sentimientos. Desde las rimas, los pareados, los romances, desde las canciones me acerco a las playas, inclino el oído, escucho su corazón de espuma y siento que a lo lejos tiembla, todavía, la voz de un niño.

Leonor Pérez

Nací en Santiago de Chile una tarde de invierno, quizá por eso siempre
me gustaron los días fríos, sus colores tenues y la lluvia. De niña, desde
la ventana veía un gran sauce llorón y, a través de sus ramas colgantes,
imponente, la cordillera de los Andes vestida de nieve. En mis recuerdos,
su presencia se mezcla con el olor del papel, de los lápices de color y de la
tinta, y con la imagen de mi madre que, además de mamá, era maestra
de arte. Muchas veces me hice pasar por su alumna y conseguí entre juegos
las mejores lecciones. Aprendí a hablar desde los colores, con un pincel
y el corazón… y aprendí a dibujar la montaña en invierno y en verano,
una y otra vez. Ha pasado el tiempo, la cordillera continúa ahí, anclada
en el Oriente, majestuosa, pero mi sauce llorón fue reemplazado por un
edificio, y aunque los pinceles continúan siendo mi voz, y sigo rodeada
de papeles y colores, no sé porque, pero los días de invierno ya no me
gustan tanto.